AF267012

L 27 n
02715

# ORAISON FUNÈBRE

DE

# M. L. CAPELLE

CHANOINE HONORAIRE DE LA MÉTROPOLE DE CAMBRAI

DOYEN-CURÉ DE SAINT-GÉRY

**A VALENCIENNES,**

PRONONCÉE LE 9 OCTOBRE 1867

## PAR M. L'ABBÉ J. LASNE,

Supérieur de l'institution Notre-Dame.

*Zelus domús tuæ comedit me*
Le zèle de votre maison m'a dévoré.

P S L. XVIII. 12.

**VALENCIENNES**

J. GIARD, LIBRAIRE-ÉDITEUR.

PLACE D'ARMES, 49

1867.

# ORAISON FUNÈBRE

DE

# M. L. CAPELLE

## CHANOINE HONORAIRE DE LA MÉTROPOLE DE CAMBRAI

### DOYEN-CURÉ DE SAINT-GÉRY

**A VALENCIENNES,**

PRONONCÉE LE 9 OCTOBRE 1867

## PAR M. L'ABBÉ J. LASNE,

**Supérieur de l'institution Notre-Dame.**

*Zelus domús tuæ comedit me*
Le zèle de votre maison m'a dévoré.

P S L. XVIII. 12.

## VALENCIENNES

## J. GIARD, LIBRAIRE-ÉDITEUR,

PLACE D'ARMES 49.

1867

IMPRIMERIE DE E. PRIGNET, A VALENCIENNES.

# I

« Le douloureux anniversaire que nous tra-
versons en ce moment devait donc compter
une nouvelle victime, après tant d'autres dont
la ville de Valenciennes pleure la perte préma-
turée. Il y a un an, à pareil jour, nous étions
réunis pour rendre les derniers devoirs à un
bon et saint vieillard, à un excellent prêtre,
qui avait été frappé au milieu de ses paroissiens
par le fléau dévastateur dont les ravages
effrayants ont laissé dans la population de si
pénibles souvenirs.

« Nous voici réunis de nouveau, après une année d'intervalle, pour rendre les mêmes honneurs à un digne ministre de Dieu, à qui une forte constitution semblait présager une vieillesse longue et heureuse, et que le zèle de la maison de Dieu a dévoré avant le temps. Pour lui il a accompli sa mission, selon la recommandation de l'Apôtre : *Opus fac evangelistæ, ministerium tuum imple.* Il ne lui reste plus qu'à attendre la couronne de justice que le juste juge lui décernera au grand jour. Mais en quittant cette terre d'exil, il laisse un grand vide dans nos cœurs, dans la paroisse de Saint-Géry, dont il était le pasteur et le père, dans la ville de Valenciennes, dans tout le diocèse. C'est ce qui explique le concours immense de tant de prêtres et d'amis, des magistrats la cité et des fidèles de tout rang, qui se font un devoir sacré d'assister à ses funérailles et de lui donner une dernière marque de leur vénération, de leur estime et de leur sincère affection.

« C'est ce qui explique encore la présence de ce vénérable Vicaire-Général, qui malgré son grand âge a voulu célébrer l'auguste sacrifice sur la dépouille mortelle de celui qu'il regardait non comme un disciple, mais comme un fils. De tels témoignages parlent plus haut que

les discours ; mais, puisqu'il faut parler, effor-
çons-nous d'interpréter et de traduire les
accents de vos regrets légitimes et le concert
de louanges qui retentit autour de ce tombeau.
Il ne nous serait pas possible, sans prolonger
outre mesure la cérémonie funèbre, d'embrasser
toute cette vie si pleine de vertus et de mérites.
Qu'il nous suffise de signaler le trait caracté-
ristique, qui lui donne comme une physionomie
à part, et la rend digne de notre admiration.
Ce trait, c'est le zèle de la maison de Dieu, non
pas seulement de cette demeure de pierre et de
marbre, que le Tout-Puissant daigne habiter
parmi les enfants des hommes, mais de ce tem-
ple intérieur, dont parle l'Apôtre, où le fils de
Dieu veut bien fixer son séjour ; en un mot le
zèle du salut des âmes. C'est ce que nous
remarquerons dans toute la vie du vénéré
pasteur, que la mort vient de ravir à ses chères
ouailles.

II

« Le zèle est un des fruits délicieux de la
céleste charité : il descend de Dieu comme tout
don parfait, et il s'est répandu sur les hommes
pour les vivifier, les éclairer, les bénir et les
sanctifier. Il était connu et pratiqué sous l'an-
cienne loi. Le prophète Elie, s'étant retiré dans
la solitude de la montagne d'Horeb, avait dû
se cacher dans la profondeur d'une caverne,
pour échapper à la fureur de ses ennemis.

« Le Seigneur lui parla et lui dit : (III reg.

» XIX. 10.) Que fais tu ici, Elie ? Or Elie
» répondit : Je brûle de zèle pour vous, Sei-
» gneur Dieu des armées, parce que les enfants
» d'Israël ont abandonné votre alliance, qu'ils
» ont détruit vos autels, qu'ils ont tué vos pro-
» phètes par le glaive, et que je suis demeuré
» seul et qu'ils cherchent encore à m'ôter la
» vie. » Mais ce zèle du prophète, quelque
admirable qu'il fût avait quelque chose de ter-
rible et de menaçant ; c'était comme un écho
des foudres du Sinaï. Le zèle des apôtres de
l'évangile n'est pas moins ardent, mais il est
plus doux. Il découle de la loi de grâce et
d'amour ; il a passé par le cœur très aimant
de notre divin Rédempteur qui a répandu sur
ses disciples un esprit admirable de douceur et
d'humilité, et les a envoyés dans le monde pour
convertir les pécheurs, comme des agneaux au
milieu des loups.

« Votre bien-aimé pasteur avait reçu en
abondance le don du zèle apostolique. Il y avait
été formé de bonne heure dans le sein d'une
famille profondément chrétienne, et il en avait
donné les premières marques, en exerçant
avec autant de piété que de ferveur dans la
paroisse Saint Jacques à Douai sa patrie, les
fonctions honorables du service des autels. Ce
zèle se développa pendant toute son éducation

cléricale, et il acquit toutes les qualités qui le rendent efficace et fécond ; il devint prudent, désintéressé, généreux.

« A quoi peut servir le zèle sans la science, sans les lumières de la prudence ? Que peut faire un zèle amer, violent, qui ne tient pas compte du temps ni des circonstances ? Ce n'est point ainsi que l'avait compris M. Capelle, même dans les années de sa jeunesse. Son esprit droit et sa nature franche et loyale auraient suffi pour le détourner de ces excès ; il y avait ajouté des études sérieuses, et une sage direction qu'il avait reçue au Séminaire, et qu'il s'est appliqué à suivre avec autant d'ardeur que de constance.

« Ainsi formé, il s'est élancé comme un géant à la conquête des âmes. Certes la nature l'avait admirablement doué pour ce sublime ministère. Il avait le port majestueux, des manières conciliantes et affables, une physionomie, aimable et expressive, où se peignaient la franchise de son caractère, l'élévation de son esprit et la bonté de son cœur. Sa parole vibrante s'élançait comme un trait irrésistible ; sa voix était harmonieuse et sonore, ses accents pleins d'émotion et de feu. Que dirons-nous de son éloquence, qui a retenti dans toutes les

parties de ce vaste diocèse, et même au-delà de
ses frontières, jusques dans les métropoles les
plus célèbres ? Comment dépeindre le mouve-
ment et les transports de cette foule attendrie,
qui se pressait autour de sa chaire ? Toutes les
voix rendaient un témoignage non équivoque
à l'ardeur de son zèle et à la beauté de son éloquence, moins encore par leurs éloges que par
les larmes d'un sincère repentir et d'une véri-
table conversion. C'est par ces moyens de per-
suasion qu'il travaillait à ramener les hommes
les plus égarés : il s'attachait à leur montrer la
vertu sous les couleurs les plus aimables, et à
leur faire comprendre que le joug du Seigneur
qui paraît intolérable aux mondains est bien
suave pour ceux qui le portent de bon cœur,
avec le concours de la grâce divine et les con-
solations de l'esprit sanctificateur.

« A l'éclat de l'éloquence, il joignait la pom-
pe des cérémonies religieuses. Il aimait avec
transport la majesté du culte catholique, et il
trouvait dans les richesses de son imagination,
ces plans harmonieux qui présidaient aux plus
belles manifestations de la foi populaire. Il était
de ces hommes dont le sage a dit : (Ecch. XLIV 6)
« Ils ont été riches en vertus, et ils ont cultivé
» avec ardeur le goût du beau — » Oui, cet
homme éloquent avait en même temps la

»

haute intelligence des beaux-arts, de la musique, de la peinture, de l'architecture, et il y ajoutait des connaissances archéologiques dans une mesure peu commune. Il se servait de tous ces dons pour la gloire de Dieu et pour la grande œuvre du salut des âmes.

« Besoin n'est pas de rappeler tout ce qu'il a fait pour ressusciter ces fameuses processions qui ont reparu dans notre diocèse, et ont reproduit avec tant de consolation la gloire des anciens temps, que l'on croyait pour toujours effacée. Cambrai, consacré à Notre-Dame-de-Grâce, Douai honoré par le Saint-Sacrement-du-Miracle, Lille, si fidèlement attachée à Notre-Dame-de-la-Treille en garderont un impérissable souvenir.

III

« Le zèle prudent et éclairé de cet homme apostolique était accompagné du plus parfait désintéressement. Son cœur large et bon pouvait-il rester étranger aux peines de ses frères ? Que d'infortunes secrètes il a soulagées ! que de plaies il a fermées ! Dieu seul connaît les libéralités qu'il a répandues dans le sein des malheureux. Il est mort comme il a vécu, n'ayant rien amassé ni pour lui ni pour sa famille : grande, immense consolation à ses derniers instants !

« C'est ce même désintéressement qui le suivit dans les diverses fonctions qui lui ont été confiées. Il débuta dans le saint ministère, comme vicaire à Iwuy. Des pompes de la cathédrale il passait dans une pauvre église, qui se ressentait encore des ravages d'une époque désastreuse. Il s'en attristait par amour pour son Dieu ; mais pour lui il se complaisait dans cette pauvreté, parce qu'il savait qu'il faisait la volonté de Dieu, et qu'il trouvait dans ce peuple de pauvres, des âmes vraiment grandes et riches en vertus.

« De là il fut envoyé comme curé à Honnecourt. Cette paroisse était dans l'état le plus déplorable : point de presbytère habitable ; une église délabrée ; un cimetière enseveli sous les eaux. L'état des âmes était plus déplorable encore : la parole divine n'avait pas été prêchée depuis les horreurs de la révolution ; là, comme dans bien d'autres paroisses, le serment constitutionnel avait porté ses fruits lamentables. Le zélé pasteur ne se découragea pas : il fit réparer à ses frais la maison de Dieu et le presbytère, et relever la demeure des morts, puis il s'appliqua de tout son pouvoir à instruire et à convertir son peuple. Que de soins, que de saintes industries il déploya pendant ces quelques années, pour ramener au devoir une population ignorante et imbue des préjugés les plus funestes! Dieu féconda ses sueurs, et avant de quitter sà paroisse, il eut la consolation de voir rentrer dans le devoir un bon nombre de ses paroissiens. « S'il était demeuré plus longtemps parmi nous, disait un paysan dans son langage naïf, il n'en serait pas resté un seul qui ne se fût converti. »

« On le vit ensuite travailler avec la même ardeur dans la paroisse de Preux-au-Bois, où sa mémoire est encore si vivace. Par ses prédications et ses visites pastorales, il releva notablement le niveau de la moralité, et implanta les plus louables habitudes. En outre, il voulut s'assurer des continuateurs de ses travaux évangéliques, en formant un certain nombre d'enfants aux premiers éléments de la science sacerdotale, préludant ainsi à cette œuvre admirable des Douze-Apôtres, qui s'attache à recruter dans toutes les classes de la société des membres de la milice sacrée.

« C'est là que l'attendait la plus forte épreuve qui ait été imposée à son désintéressement. Il avait avec lui, au presbytère, une vénérable mère, alors septuagénaire, qui n'avait plus que lui, et qui comptait sur sa présence et ses soins pour consoler sa vieillesse. Il ne songeait nullement à s'en séparer, lorsque tout-à-coup Monseigneur Giraud lui proposa de quitter sa paroisse, pour entrer dans la Société des missionnaires diocésains.

« Pour lui-même rien ne lui coûtait quand il s'agissait de se rendre à la volonté de ses supérieurs, et tous les sacrifices étaient légers à son obéissance. Mais il lui en coûtait pour sa mère ; il ne savait se résoudre à l'abandonner dans son extrême vieillesse, sans appui, sans soutien, sans son fils en un mot qui était tout pour elle. Il n'eut pas le courage de lui en faire les premières ouvertures : ce fut un ami qui s'en chargea à sa prière. Et cette mère, digne d'un tel fils, répondit : « Mon fils, puisque c'est la « volonté de Dieu, n'hésitez pas, partez.» Quel bonheur, maintenant que tous deux ont paru devant Dieu, quel bonheur et quelle gloire pour le fils et pour la mère, d'avoir tout quitté, d'avoir renoncé à tout, même aux affections les plus légitimes, par amour pour Jésus-Christ.

# IV

« Devenu missionnaire, il vit s'ouvrir devant lui une plus vaste carrière à son zèle
ardent et généreux. Ce grand ministère des
missions, qui est si propre à réveiller la foi des
populations et la ferveur des paroisses les plus
endormies, M. Capelle l'avait compris dans
toute sa beauté et dans toute son étendue. Il s'y
livra sans réserve, et comme il était d'un tem-
pérament robuste, il crut que les ardeurs de son
zèle ne pourraient l'épuiser ; et cependant les
forces du corps ont un jour fait défaut à la

grandeur de son âme, et quand après quinze ans de travaux et de fatigues, il fut forcé de se retirer, sa santé avait reçu un coup dont elle ne devait plus se relever.

« Les annales des missions diocésaines, et elles contiennent des lacunes, mentionnent plus de cent paroisses qu'il a évangélisées pendant le cours de ces quinze années, sans compter les retraites qu'il donnait avec une sorte de prédilection dans les maisons d'éducation ; car cette grande œuvre de l'éducation de la jeunesse avait trouvé dans son cœur la place qu'elle mérite, et il lui donna toujours une intelligente protection.

« Est-il nécessaire de rappeler, avec quelle foi, avec quel talent, avec quel succès, il poursuivait le cours de ses prédications entraînantes et persuasives ? comme le grand apôtre, il pouvait s'écrier : « La grâce m'a été donnée » d'annoncer aux hommes les richesses inson- » dables de Jésus-Christ, et de leur faire con- » naître l'économie du mystère qui a été caché » depuis des siècles en Dieu.» (Eph. iii 8.)

« Aujourd'hui toutes ces paroisses à qui il a annoncé la parole de vie, toutes ces âmes qu'il a converties, se lèvent ensemble pour plaider sa cause devant le tribunal suprême, et tressent à l'envi sa couronne de gloire. Car s'il est vrai, selon la parole de Saint-Jacques que « celui qui » ramènera un pécheur des voies de l'égare- » ment sauvera son âme de la mort et couvrira » la multitude de ses péchés, » (Jac. v 20) quelle ne sera pas la confiance de cet apôtre généreux qui a consacré les plus belles années de sa vie à la conversion des pécheurs?

« Au moment de se retirer, il voulut aller déposer aux pieds du souverain pontife l'offrande de ses travaux apostoliques. Son voyage à Rome et en Italie ne devait pas seulement contenter sa nature d'artiste par le spectacle des chefs-d'œuvre de l'art ancien et moderne, il devait surtout donner une libre expansion à son profond dévouement pour la chaire de Saint-Pierre et pour la personne sacrée de notre bien-aimé Pie IX. Et là encore, dans la ville éternelle, au centre de toutes les lumières et de toutes les grandeurs, il lui fut donné d'annoncer la parole divine. C'était le vendredi-saint de l'année 1857, dans l'église de Saint-Louis des Français. Il avait devant lui l'armée française d'occupation. Après avoir rappelé les souffrances du divin Maître, et montré les rapports intimes qu'elles avaient avec les épreuves actuelles de son vicaire sur la terre, il leur représenta vivement tout ce que la cause qu'ils soutenaient de leurs armes avait de grand, de touchant et de sublime, et il arrachait à ces braves soldats des larmes d'émotion et d'enthousiasme.

« Enfin il a paru parmi vous, et ici ma tâche devient plus facile. Il venait se reposer dans cette bonne paroisse de Saint-Géry, tout en continuant l'œuvre de son saint et vénéré prédécesseur. Sa devise était celle de l'apôtre : « Je » donnerai tout très-volontiers, et je me don- » nerai volontiers moi-même pour le salut de » vos âmes. » Vous l'avez vu à l'œuvre pendant dix ans, et vous savez s'il s'est dépensé pour ses chers paroissiens.

« Outre les prédications auxquelles il se livra avec un zèle qui excédait ses forces, il conçut le projet de restaurer cette église, et de lui rendre cette antique splendeur qui décorait la basilique de Saint-Géry. Que n'a-t-il pas entrepris pour conduire ce dessein à la fin magnifique qu'il s'était proposée? Ses travaux sont exposés à tous les regards ; ils frappent par leurs richesses et leurs rapports harmonieux, et ils seront un monument éternel de sa foi et de sa charité. Hélas! l'œuvre est restée inachevée; la mort est venue briser une carrière qui donnait encore de si belles espérances.

« Frappé d'un mal invisible, dont il ne se rendait pas compte, le bon doyen crut qu'il devait céder aux instances de Monseigneur l'Archevêque de Toulouse qui le traitait comme un ami, et aller dans un climat plus doux rétablir ses forcee affaiblies. Ses espérances devaient être déçues. Il était là, souffrant, accablé de tristesse, et en proie à une maladie qui ne cédait devant aucun remède, quand le fléau se précipita comme un vautour sur sa paroisse, sur toute la cité. Combien il dut endurer de cruelles angoisses, en se voyant éloigné de son troupeau au moment du danger et de la détresse ! Qu'il dut souffrir, de ne pouvoir se dévouer, et mourir s'il le fallait, pour ses chers paroissiens. Mais ses forces ne répondaient plus à la générosité de son zèle ; et quand il revint des Pyrénées, ce fut pour entrer dans cette longue agonie de huit mois, qui, après tant de vicissitudes, de crainte et d'espérance, devait amener la douloureuse catastrophe. Il reçut les derniers sacrements avec une foi profonde et une résignation parfaite, et il s'endormit dans la paix du Seigneur. Ses dernières pensées, ses dernières invocations furent pour la Sainte Vierge, pour Notre-Dame de Grâce, au pied de laquelle il avait tant de fois prié, à qui il avait consacré ses missions et ses travaux.

« Et maintenant il n'est plus, et même sa dépouille mortelle sera bientôt dérobée à nos regards. Il n'est plus, ce pasteur dévoué, bons habitants de cette paroisse ; il n'est plus cet ami fidèle, nombreux amis pour qui il a gardé jusqu'à la mort une constante affection. Il n'est plus : le cœur qui battait si fort pour le bien et le beau, s'est arrêté, cette main, qu'en arrivant ici il tendait à la ville de Valenciennes avec tant de foi et de confiance, est froide et immobile dans le cercueil. Cette voix puissante ne se fera plus entendre pour vous consoler et vous bénir.

Que nous reste-t-il à faire ? Prier pour son âme si noble, si large, si généreuse. Je veux me faire l'interprète de ses dernières recommandations. « Je vous en supplie, disait-il peu de jours avant sa mort, faites prier pour moi dans toutes les paroisses où j'ai prêché la parole de Dieu. » Sans doute ses mérites sont grands, ses vertus sont éclatantes ; mais ici-bas toutes les choses humaines sont mêlées d'imperfections et de faiblesses. Vous prierez donc pour ce vénéré pasteur, pour cet ami généreux. Si son cœur aujourd'hui glacé par la mort pouvait se réveiller, s'il pouvait entendre mes paroles, il ferait bon marché des éloges qui lui sont décernés ; mais il accueillerait avec reconnaissance la sainte exhortation par laquelle je demande le secours de vos prières pour le repos de son âme ; car les louanges sont pour les vivants comme un encouragement ; les prières sont pour les morts comme une consolation. Ainsi se fera entre toutes les âmes cette Sainte alliance qui unit le ciel et la terre, et qui est pour nous l'image de cette union inaltérable qui rapprochera les pasteurs et les fidèles dans le sein de l'éternelle félicité.          *Ainsi soit-il.*

IMPRIMERIE E. PRIGNET, A VALENCIENNES

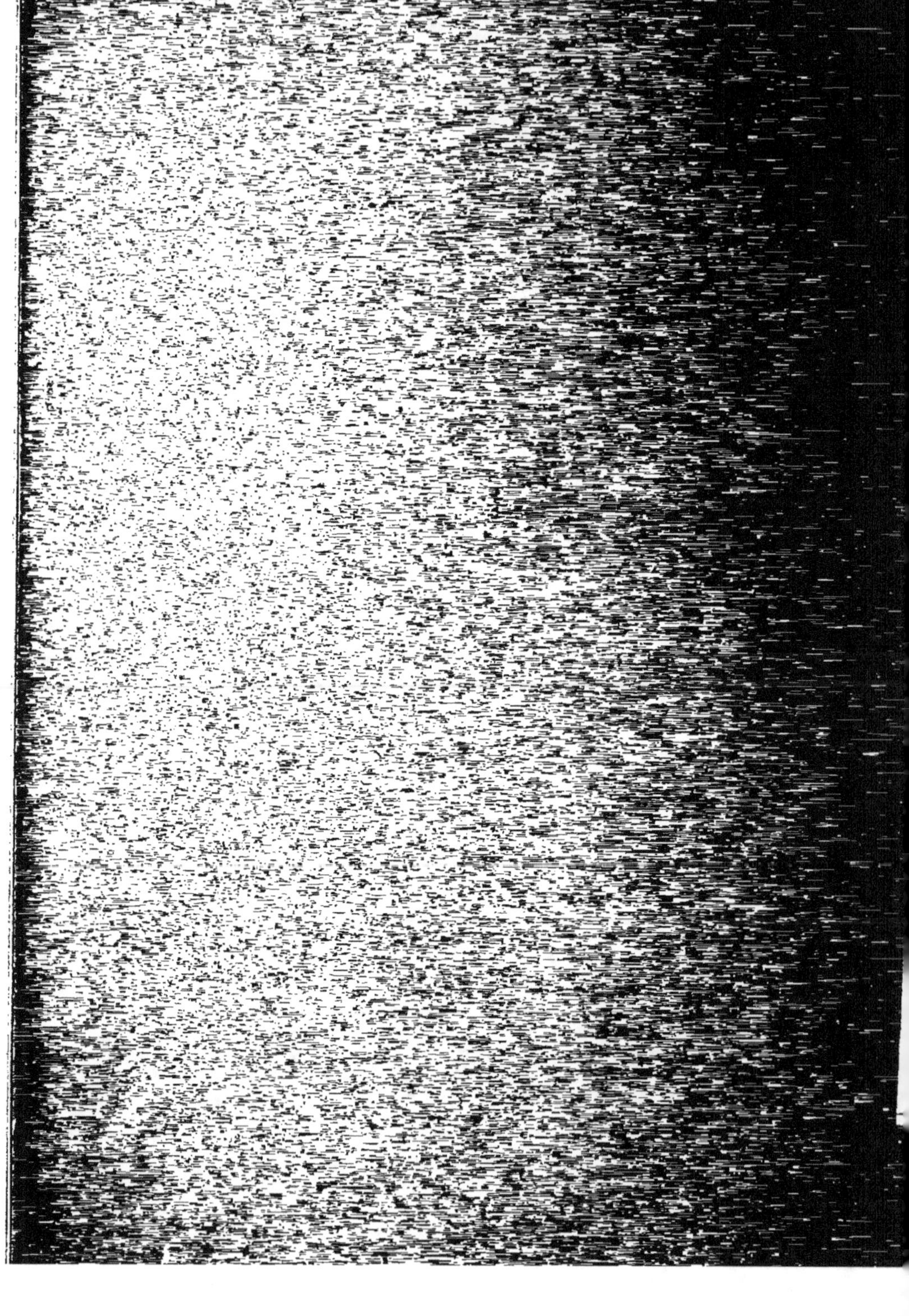